VILLE DE PARIS

USÉE GALLIERA

EXPOSITION D'ART BELGE

CATALOGUE

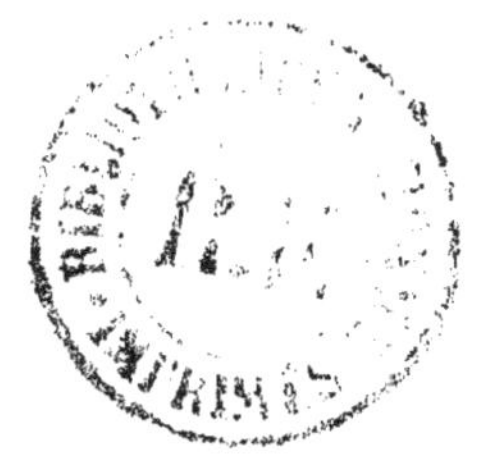

10 MARS — 8 MAI 1921

EXPOSITION D'ART BELGE

PEINTURE, GRAVURE
SCULPTURE, MÉDAILLES
ART DÉCORATIF
ART APPLIQUÉ

10 MARS — 8 MAI 1921

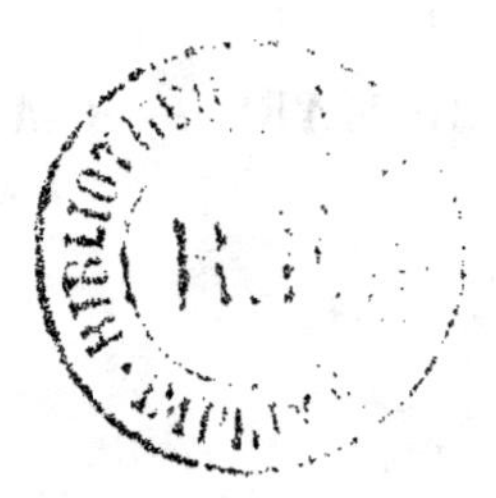

EXPOSITION D'ART BELGE

ORGANISÉE A L'INITIATIVE DU

MINISTÈRE DES SCIENCES ET DES ARTS DE BELGIQUE

SOUS LA PRÉSIDENCE D'HONNEUR DE

S. E. LE BARON DE GAIFFIER D'HESTROY

AMBASSADEUR DE BELGIQUE
AUPRÈS DU GOUVERNEMENT DE LA RÉPUBLIQUE FRANÇAISE

PAR

M. PAUL LAMBOTTE

DIRECTEUR AU MINISTÈRE DES SCIENCES ET DES ARTS
COMMISSAIRE DU GOUVERNEMENT BELGE
POUR LES EXPOSITIONS DES BEAUX-ARTS

CATALOGUE

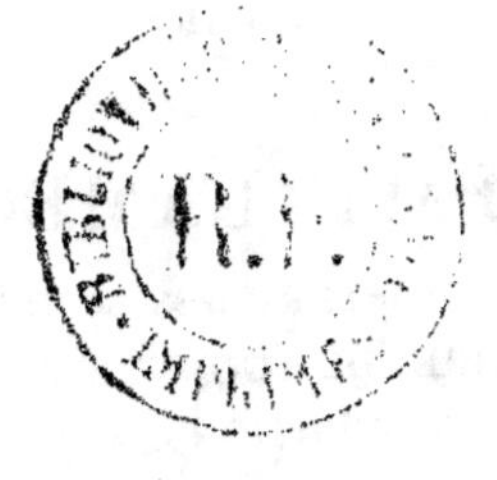

PEINTURE

ART (Berthe, Melle).

28, rue Blanche, Bruxelles.

1. Chrysanthèmes (pastel).
2. Azalées (pastel).
3. Begonias et Giroflées (pastel).

BALTUS (Georges).

2, galerie de Waterloo, Bruxelles.

4. Le Vicaire de San Giorgio in Arcetri.
5. Villa Vescovile, à Igno.

BASTIEN (Alfred).

10, Rouge-Cloître, Auderghem-Bruxelles.

6. Portrait de S. M. le Roi des Belges.
   Appartient à S. M. la Reine.

BUSKENS (Jean).

6, rue Mima, Vilvorde.

7. La Rivière (panneau décoratif).
8. Bibelots chinois (panneau décoratif).

CARTE (Anto).

55, rue de la Centenaire, Bruxelles.

9.   Les Disciples d'Emmaüs.

CASSIERS (Henri).

18, rue de l'Abbaye, Bruxelles.

10.   Vieux Pont, à Bruges (aquarelle).
11.   Ville flamande (aquarelle).

CHARLET (Frans).

6, place Vintimille, Paris.

12.   Le Paddock (Le Tuyau).
Appartient à M. G. Johnson.

CIAMBERLANI (Albert).

46, boulevard de la Cambre, Bruxelles.

13.   Les femmes (panneaux décoratifs).

CLAES-THOBOIS (Albert).

71, rue de la Mutualité, Uccle-Bruxelles.

14.   Le Bouquet fantaisiste.
15.   Fleurs précieuses.
16.   Fleurettes.

CLAUS (Emile).

Astene, Flandre Orientale.

17. Rue de village.
> Appartient à M. Bour, Paris.

18. Coin de Jardin.
> Appartient à M. Henri Marcel, Paris.

19. Verger ensoleillé.
> Appartient à M. Lascronx, Paris.

20. L'époque des Foins.
> Appartient à Mme Edm. Serruys, Paris.

COCKX (Philibert).

6, chaussée d'Alsemberg, Uccle-Bruxelles.

21. Paysage du Midi.
22. Paysage du Nord.

CRESPIN (Ad.).

31, rue de l'Artichaut, Bruxelles.

23. Masques.
24. Portrait de Melle G. C.

CRESPIN (Louis-Ch.).

31, rue de l'Artichaut, Bruxelles.

25. Procession à l'Eglise Ste-Gudule, à Bruxelles.
26. Intérieur de la Cathédrale de Rouen.
27. Une nef de l'Eglise de Notre-Dame-des-Victoires, à Bruxelles.

CRETEN (Victor).

34, rue Le Corrège, Bruxelles.

28. Les Pavots.
29. Pièce d'eau devant l'orangerie.
30. Soleil.
31. Fleurs.

Appartient à M. Carpay, Charleroi.

DELVILLE (Jean).

231, avenue des Sept Bonniers, Uccle-Bruxelles.

32. Heureux ceux qui meurent pour la Patrie.
33. Les mères.
34. Portrait de Mme D.
35. La jeune fille au bol d'or.
36. Portrait de ma fille Eva.

ENSOR (James).

27, rue de Flandre, Ostende.

37. Masques et roses.

Appartient à Mlle A. Boogaerts.

38. La Dame au châle bleu.

FABRY (Émile).

6, rue Saint-Michel, Woluwe-Saint-Pierre-Bruxelles.

39. Les Figures de la guerre (panneau décoratif).

FREDERIC (Léon).

232, chaussée d'Haecht, Bruxelles.

40. Le matin (panneau décoratif) ⎫
41. Le soir (panneau décoratif) ⎬ L'âge d'or.
42. La nuit (panneau décoratif) ⎭

Appartiennent au Musée de Luxembourg, Paris.

(Legs Michonis.)

GAILLARD (Frans).

41, rue Royale, Bruxelles.

43. Le site de Delphes (Grèce) panneau décoratif).

GAILLARD (Jean-Jacques).

41, rue Royale, Bruxelles.

44. Incendie de Louvain (panneau décoratif).

GILSOUL (Victor).

45, avenue de Villiers, Paris.

45. Soir à Rotterdam.
46. Le Moulin de la Sault sur le grand Morin.
47. Le Bassin de Latone à Versailles.
48. Le Pont espagnol, à Bruges.
49. Rue à Sluis, Hollande.

GLANSDORFF (Hubert).

28, rue Lens, Bruxelles.

50. Songeuse.
51. Tulipes et Anémones.
52. Anémones.

GOUWELOOS (Jean).

24, rue Godecharle. Bruxelles.

53. La Crise.
54. Printemps.
55. Volupté.

Appartiennent à M. F. V. O.

JEFFERYS (Marcel).

53, rue Paul Lauters, Bruxelles.

56. Portrait en blanc.
57. Les Cinéraires.
58. Table fleurie.
59. Avenue Louise.
60. Bains romains à Nîmes.

JO (Mlle Léo).

15, avenue Dietrich, Bruxelles.

61. La Raie (peinture à la résine).

Appartient à M. J.

KHNOPFF (Fernand).

41, avenue des Courses, Bruxelles.

62. Le Secret.
63. Le Parfum des roses.
64. Les Moulins de Bruges.
65. Portrait de M. A. Germain.
66. Le Manchon.
67. Un Rideau noir.
68. Nu féminin.
69. La Cigarette.
70. Un Profil oriental.
71. Un Profil occidental.

LAERMANS (Eugène).

229, chaussée de Jette, Bruxelles.

72. Un Soir de grève.

Appartient à M. R. Hottat.

73. La Famille.

Appartient au Musée de Tokio.

74. En passant dans la campagne.

LAMBERT (Camille).

Villa Le Verseau.

Avenue Gounod à Juvisy s/Orge, (Seine-et-Oise).

75. Episode des horreurs de l'occupation allemande.
76. Fête villageoise.
77. Entrée triomphale de la Famille Royale à Bruxelles (esquisse).

LAUDY (Jean).

45, rue de Moulin, Bruxelles.

78. Modèle endormi.
79. L'Homme à la bonbonne.
80. Portrait de l'auteur.

MARCETTE (Alexandre).

63, avenue de Tervueren, Bruxelles.

81. Mer du Nord (matin) (aquarelle).
82. Mer du Nord (clair de lune) (aquarelle).
83. Knocke s/Mer (aquarelle).
84. Dans les Dunes (aquarelle).
85. Les Remous (aquarelle).

MATHIEU (Paul)

77, rue de La Longue Haie, Bruxelles.

86. La Seine à Bougival.
87. Souvenir du Loing (Nemours).
88. La Maison de Bizet (Bougival).
89. Le chemin de halage.
90. Les Fossés (temps gris).

MONTALD (Constant).

270, chaussée de Roodebeek, Woluwe-Saint-Lambert, Bruxelles.

91.   Bacchante.
92.   Femme se lavant les chevaux.

MORREN (Georges).

44, rue du Monastère, Bruxelles.

93.   Le balcon.
94.   Les gradins bleus.
95.   La vasque rouge.
96.   Fleurs fanées.
97.   Le bol orange.

PAULUS (Pierre).

131, rue Antoine Bréart, Bruxelles.

98.   Le retour du travail.
99.   Pays noir sous la neige
                 Appartient à M. Jules Destrée.
100.   L'Hiver au pays noir.
101.   Le transport aérien.
102.   Au pays du charbon.
103.   L'ouvrière.
104.   Le charbon.

PINOT (Albert).

2, rue Dagobert, Nogent-s/Marne.

105.   Le bouquet de lilas.
106.   Buste de jeune fille.
107.   Jeune fille.
108.   Jeunesse.
109.   Vue de Paris.

RASSENFOSSE (Armand).

366, rue Saint-Gilles, Liége.

110.   Poyette.
Appartient au Musée du Luxembourg, Paris.
111.   L'imprévu.
Appartient à M. X., Paris.

RICHIR (Herman).

42, rue Thomas Vinçotte, Bruxelles.

112.   Portrait de Mme Vergote de Lantsheere.
113.   Portrait de Mlle Mestreit.
114.   Portrait de Mme Labrique.
115.   Intimité.
116.   Brodeuse (Galicie).

RONNER (Mlle Alice).

11, rue du Culot, Rixensart.

117.   Roses.
Appartient à M. Jacques Vanderborght.
118.   Roses.
Appartient à M. Félix Janlet.

STERCKMANS (Michel).

159, chaussée de Roodebeek, Woluwe-Saint-Lambert,
Bruxelles.

119.   Les Oliviers (Bormes).
120.   Fleurs d'Automne.
121.   Dans le jardin.

THEVENET (Pierre).

12, rue Seguier, Paris (VIe).

122. Vieux pont à Marseille.
123. La Seine vers le pont d'Austerlitz.
124. Usines (Auteuil).

TOUSSAINT (Fernand).

118, rue Lesbroussart, Bruxelles.

125. Fleurs de Printemps.
126. Les Tulipes.

VAN RYSSELBERGHE (Théo).

Saint-Clair par le Lavandou (Var).

127. Fillette au bord de la mer.
128. Portrait de Mme M. D.
129. Portrait de Mme de K.
130. Portrait de Mme S. J. S.
131. Portrait de Mlles M. et S. S.
132. Portrait de Mme B. et sa fille.
133. Vitrine d'aquarium (Labres).
134. Vitrine d'aquarium (Labres).
135. Vitrine d'aquarium (Dorades, Sargues, Mérou).
136. Vitrine d'aquarium (Pagels).
137. Vitrine d'aquarium (Labre vert, perches).
138. Blonde aux jambes croisées.
139. A l'ombre du buisson.
140. Adolescente nue.

VAN ZEVENBERGHEN (Georges).

59, rue Seutin, Bruxelles.

141. Les modèles.

Appartient à M. Elie Burthoul.

142. Harmonie en or.

Appartient à M. Jef Dillens.

VERHAEGEN (Fernand).

4, rue Eigenhuis, Boitsfort près Bruxelles.

143. Nature morte.
144. Filles et Masques.

VERHAEREN (Alfred).

26, rue Edimbourg, Bruxelles.

145. Intérieur.
146. Intérieur.
147. Intérieur et accessoires.

VLOORS (Emile).

80, place de Meir, Anvers.

148. Flore et Pomone.
149. Les échecs.
150. Le Reliquaire d'or.
151. Bulles d'illusion.

Appartient au Musée du Luxembourg.

WAGEMANS (Maurice).

12, rue des Deux-Églises, Bruxelles.

152. Fleurs et Fruits.
153. Nature morte.

WYTSMAN (Juliette, Mme).

3g, rue Keyenveld, Bruxelles.

154.   Les Genêts.

WYTSMAN (Rodolphe).

3g, rue Keyenveld, Bruxelles.

155.   Automne en Brabant.

DESSIN ET GRAVURE

ARTOT (Paul).

1, avenue Maurice, Bruxelles.

156. Repos « tête de femme » (dessin, mine de plomb).
157. Mélancolie (sanguine rehaussée).
158. Profil   »   »
159. Le baiser   (lithographie).
160. Portrait d'Edmond Picard   »
161. Endormie   »
162. L'enfant prodigue   »
163. La vague   »
164. Portrait de Mlle V...   »

BARTHOLOMÉ (Léon).

147, avenue de Tervueren, Bruxelles.

165. Avant la pêche (Bretagne) (eau-forte en couleurs).
166. Bretons en prière (eau-forte en couleurs).
167. La Grand'mère   »
168. Les dentellières   »

BLANDIN (André).

118, rue Lesbroussart, Bruxelles.

169. La cruche verte (estampe en couleurs).
170. Les pommes   »
171. Capucines   »
172. Fleurs jaunes   »

CELOS (Julien).

59, chaussée de Mons, Bruxelles.

173. La Belgique disparue (eau-forte en couleurs).
174. Hiver à Lierre   »   »
175. Dégel à Bruges.   »   »
176. Ruelle sous la neige.   »   »
177. Soir à la rivière.   »   »

CRACO (Arthur).

35, rue de la Grande Ile, Bruxelles.

178. Combat d'aigles (eau-forte en couleurs).
179. La chasse infernale   »   »

DANSE (Mme Louise).

86, rue de la Montagne, Bruxelles.

180. L'Eglise Sainte-Gudule.
181. La Villa Falconieri à Frascati.
182. La Chapelle de l'Abbaye de la Cambre.
183. Frontispice pour « Le Feu » de G. Annunzio.
184. Frontispice pour « l'Homme qui assassina »,
        de Claude Farrère.

DE BRUYCKER (Jules).

5, quai Saint-Pierre, Gand.

185.	Le Glas,	eau-forte.
186.	La Tranchée,	»
187.	La Moisson,	»
188.	La danse macabre,	»
189.	Pauvresse,	»
190.	Artiste,	»
191.	Le montage du Dragon,	»
192.	Autour du Château des Comtes,	»
193.	La maison Palfyn,	»

DELSTANCHE (Albert).

Bruxelles.

194. Le mont Agel (Alpes Maritimes), dessin.
195. Le col de la Tuilerie (Gorbio, Alpes Maritimes), dessin.
196. Conférence dans l'atelier de Constantin Meunier, janvier 1921 (monotype, épreuve unique).
197. Conférence de Paul Fort, à Bruxelles, décembre 1920,   (monotype).
198. Femme enfilant une aiguille,   »
199. Femme cousant,   »
200. Femme accoudée,   »
201. Intimité,   »
202. Jeune fille cousant,   »
203. Femme se déchaussant,   »
204. Femme au nœud noir,   »

205. Femme auprès d'un bouquet,   monotype.
206. Jeune fille au chapeau noir,   »
207. Sous la lampe,   »
208. Le Quatre-mains,   »
209. La Romance,   »
210. Femme cousant,   »
211. La Lecture,   »
212. La toilette des ongles.   »

ENSOR (James).

27, Rampe de Flandre. Ostende.

213. Bassin à Ostende   eau-forte.

GILSOUL (Victor).

45, avenue de Villiers, Paris.

214. Les Arbres de la côte flamande.
215. Le Sac de Louvain.
216. Flamandes revenant de la prière.
217. Le Cabaret du Perroquet, à Dixmude.
218. Quai à Nieuport.
219. Le Béguinage de Dixmude.
220. Vieux pont à Dixmude.
221. Vieille masure à Malines.
222. Vieux pignons hollandais.
223. Notre-Dame de la Dyle, Malines.
224. Vieille place à Ypres.

HAMOIR (Amédée).

63, avenue Bel Air, Bruxelles.

225. Château d'Elewyt   (estampe).
226. Dans les Aconits.   »
227. Printemps à Lausanne.   »
228. Château de Ruesnes.   »
229. Temple à Kyoto.   »
230. Temple à Niko.   »
231. Contre-jour.   »
232. Berne.   »

HAVERMANS (Xavier).

43, rue Perronet, Neuilly-s/Seine.

233. Au piano (eau-forte).
234. Cigogne   »
235. Automne   »
236. Croquis   »

KHNOPFF (Fernand).

41, avenue des Courses, Bruxelles.

237. Un masque   (eau-forte).
238. Un voile   »
239. Le Rideau   »
240. Des grelots »
241. En souvenir »
242. Sire Halewyn »

LOMBAERTS (René) (feu).

243. Buste du cardinal Mercier (Sanguine).
244. Vieux coin à Anvers (eau-forte).
245. Un charbonnage à Wandre (eau-forte).

MEUNIER (Marc-Henri).
47, avenue Nouvelle, Bruxelles.

246. La Rafale.
247. Où dorment les paysans.
248. Un chaume en Campine.
249. Lisière de Sapinière.
250. Pour la Sainte Vierge.
251. La route qui monte.
252. Une charrue.
253. Une croix.
254. Le fournil.
255. L'escalier dans le rocher.
256. L'orage (épreuve d'état).
257. Maison de pauvres gens. (La maison sur le Rocher.)
258. Maison de pauvres gens. (La brouette.)
259. La vieille barrière.

MIGNOT (Victor).
30, avenue d'Orléans, Paris (XIVᵉ).

260. Le Moulin anversois.
261. Sous la Pinède (Provence.)
262. Le petit Moulin.
263. Barques à moules.
264. L'Étonné.
265. La Cage vide (épreuve en couleurs).

MINNE (Georges)

134, rue de la Caverne, Gand.

266. Vierge et enfant (pastel sur bois).
267. Mère et enfant (dessin).
268. Mère et enfant   »

OPSOMER (Isidore).

27, rue Droite, Lierre.

269. La Porte bleue (eau forte en couleurs).
270. Bord de la Nèthe   »   »
271. L'Église du Béguinage (eau-forte).
272. La Nèthe à Lierre (lithographie).
273. L'Église (lithographie).

RASSENFOSSE (Armand).

366, rue de Saint-Gilles, Liége.

274. Figure décorative (dessin).
Appartient au Musée du Luxembourg.
275. Dessin.
Appartient à M. Pol Neveux, Paris.
276. Dessin.
277. Dessin.
Appartient à M. Lerolle, Paris.
278. Dessin.
Appartient à M. Lerolle, Paris.
279. Gravure.
Appartient à la ville de Paris (coll. du Petit Palais).
280. Gravure.
Appartient à la ville de Paris (coll. du Petit Palais).
281. Gravure.
Appartient à la ville de Paris (coll. du Petit Palais).

VAN DER LOO (Martin) (*feu*).

282. Un Cadre.
   a) Coin du Béguinage.
   b) Cour du Béguinage.
   c) Ruelle du Béguinage.
   d) Vieille porte du Béguinage.
   e) Vieille façade du Béguinage.
   f) Vieille Cour du Béguinage.
283. Effet de Neige à Gand (gravure en couleurs).
284. Reflètement (gravure en noir.)
285. Le long de la Nèthe à Lierre (gravure en couleurs).
286. Le pont du Baudet à Bruges (gravure en couleurs).
287. Les grands arbres du Béguinage à Bruges. (gravure en couleurs).

Appartiennent à Mme Van der Loo,
206, chaussée d'Anvers, Vieux-Dieu-lez-Anvers.

SCULPTURE

BONNETAIN (Armand).
21, rue de l'Écuyer, Bruxelles.

288. Masque de Jules Destrée, ministre des Sciences et des Arts. Bronze.

BRAECKE (Pierre).
131, rue de l'Abdication, Bruxelles.

289. Vers l'infini (ivoire).

Appartient au Musée Colonial de Tervueren.

COURTENS (Alfred).
32, rue du Cadran, Bruxelles.

290. Toone. (bronze).
291. Révoltée. (marbre).

DESFOSSEZ (Eugène).
5, rue de Luynes, Paris.

292. Profond Sommeil (marbre).
293. Le Torse (marbre).

D'HAVELOOSE (Marnix).

263, chaussée de Vleurgat, Bruxelles.

294. Salomé (bronze).
295. Prémices (bronze).

GRANDMOULIN (Léandre).

37, Groeselenberg, Uccle-Bruxelles.

296. Le Tribun, (Paul Janson), bronze.
297. Le sculpteur Pierre Braecke. (Tête, terre
    cuite).
298. Appréhension. (Torse femme, plâtre platiné).

HUYGELEN (Frans).

42, rue Edith Cavell, Bruxelles.

299. Été (bronze).
300. Pastorale (bronze).

LORRAIN (Jenny Mlle).

57, rue Thieffry, Bruxelles.

301. Dans la vie (bronze).

MINNE (Georges).

134, rue de la Caverne, Gand.

302. Porteur de relique (bronze).
303. Recueillement (marbre).

ROMBAUX (Egide).

137, avenue Longchamps, Bruxelles.

304. Buste de Mme Daniel Serruys (marbre).

Appartient à Mme S.

305. L'amour (ivoire).

Appartient au Musée de Tervueren.

ROUSSEAU (Victor).

187, avenue Van Volxem, Forest près Bruxelles.

306. Marque de tristesse. Bronze.
307. Vol d'oiseaux. »
308. Imploration. »
309. Confidence (groupe). »
310. Groupe familier. »
311. Coupe des voluptés. »
312. Intimité (groupe). »
313. Le Ravissement, à César
  Franck (groupe). »
314. Figurine au bracelet. »
315. La Liseuse. »
316. Quiétude. »
317. Méditation (ivoire).

Appartient au Musée Colonial de Tervueren.

318. Tête masculine (ivoire).

Appartient au Musée Colonial de Tervueren.

319. Buste de S. M. la Reine (plâtre).

Marbre app. à S. M. le Roi.

320. Buste de la princesse Marie-José (plâtre).

Marbre app. à S. M. la Reine.

321. Jeune fille à la fleur. (Fragment d'un
  ensemble de six figures.) (plâtre).

Marbre app. à la Ville de Bruxelles.

322. Visage d'Automne (plâtre).

> Marbre app. au Musée de Rome.

323. Torse de femme (plâtre).
324. Buste de jeune fille. »

> Marbre app. à M. L. Julien.

325. Femme de trente ans (plâtre).

> Marbre app. à la collection R. Warocqué.

326. Homme qui pleure (plâtre).

> Bronze app. à S. M. le Roi.

327. Armène-Ter-Ohanian, danseuse persane (buste) (plâtre).

> Marbre app. au Gouvernement belge.

328. L'effroi de la guerre (plâtre).
329. Le secret (groupe). »
330. Le Roi Lear (masque). »

SAMUEL (Charles).

36, rue de Washington, Bruxelles.

331. Buste de Mme Juliette Ch. S. (cire).
332. Mélancolie (marbre).
333. Joie maternelle (bronze).
334. Uylenspiegel et Nele (ivoire).

> Appartient au Musée colonial de Tervueren.

335. Buste de Mme L. (marbre).

> Appartient à M. Larose, Paris.

336. » Mme U. L. (marbre).

> Appartient à M. H. Lartigue, Paris.

337. » M. H. L. (marbre).

> Appartient à M. H. Lartigue, Paris.

338. Joueuse de flûte, (statuette ivoire). Vitrine et piedestal exécutés par MM. Chambon.

> Appartient à M. H. Lartigue, Paris.

339. Danse (petit groupe, bronze).

SAMUEL (Juliette Mme).

36, rue Washington, Bruxelles.

340. Buste en marbre.
341. Femme à la natte (bronze).

VAN BEURDEN (Alph.).

27, rue Général Capiaumont, Anvers.

342. Statuette (ivoire).
Appartient au Musée de Tervueren.

VINÇOTTE (Thomas).

101, rue de la Consolation, Bruxelles.

343. Ernest Acker (buste marbre).
Appartient à Mlle Acker.
344. Mme Michel Orban (buste marbre).
Appartient à M. Orban.
345. Emile De Mot (buste marbre).
Appartient au docteur Lorthioir.

WOLFERS (Marcel).

28, avenue Vanden Driessche, Woluwe-Saint-Pierre,
Bruxelles.

346. Saint-Georges (bronze).
Appartient à M. X., Paris.

WOLFERS (Philippe).

4, square Marie-Louise, Bruxelles.

347. Le Cycle des Heures (bronze).
348. Le Printemps (bronze cire perdue).
349. Psyché (marbre).
350. Quiétude (ivoire).
351. Ingénue »
352. Danaïde »
353. Méditation (bronze cire perdue).

       Appartient à Mme Ph. W.

354. Eternelle Idylle (bronze cire perdue).
355. Vendanges   »
356. A nos Héros   »
357. La Vigne   »
358. Nymphe surprise   »
359. Ingénue   »
360. Les Fleurs   »
361. Leda (argent cire perdue).

GRAVURE EN MÉDAILLES

L'ensemble exposé a été réuni par les soins de
M. Victor Tourneur, Président de la Société « Les
Amis de la Médaille d'Art », à Bruxelles.

N° 362. **BONNETAIN (Armand).**

Né à Bruxelles, le 24 juin 1883.
Atelier, rue Darwin, Bruxelles.

I. MÉDAILLES ET PLAQUETTES COULÉES

1. Emile Verhaeren. — Médaille uniface, 55 mm
   Argent. (Encadrée.)
2. Jules Destrée, 1911. — Médaille uniface, 53 mm.
   Argent.
3. Mme Marie Destrée Danse, 1911. — Plaquette uniface,
   40 $\times$ 60 mm. Argent.
4. Eugène Boidron, 1910. — Médaille uniface, 53 mm.
   Bronze.
5. Jean Marie Bonnetain, 1914. — Médaille uniface,
   49 mm. Argent.
6. Albert-Claes Thobois, 1921. — Médaille uniface,
   62 mm. Argent.
7. Mme G. L. — Médaille uniface, 68 mm. Bronze.
8. Vieille au bonnet, 1909. — Médaille uniface, 83 mm.
   Bronze.

9. Mlle Françoise Dumont-Wilden, 1913. — Médaille uniface, 73 mm. Bronze.
10. Femme au chapeau, 1911. — Médaille uniface, 72 mm. Argent.
11. La Bretagne. — Médaille uniface, 105 mm. Bronze.
12. Le parfum. — Plaquette uniface, 42 $\times$ 73 mm. Argent.
13. Mme N. — Plaque uniface, 130 $\times$ 243 mm. Bronze.
14. Mme R. Sand. — Médaille uniface, 28 mm. Argent.
15. Germaine. — Médaille uniface, 27 mm. Argent.
16. Lucie. — Petite plaquette uniface, 25 $\times$ 25 mm. Argent.
17. Aimée, 1913. — Médaille uniface, 28 mm, Argent.
18. R. Oppel. — Médaille uniface, 32 mm. Argent.
19. Hérisson. Etude pour le revers de la médaille d'Edmond Picard. — Médaille, 25 mm. Argent.
20. Coq, étude. — Médaille, 30 mm. Argent.
21. Probité, travail, étude. — Médaille, 34 mm. Argent.

II. MÉDAILLES ET PLAQUETTES FRAPPÉES

22. Edmond Picard. — Médaille, 56 mm. Bronze.
23. Hérisson. Je Gêne. Revers de la médaille d'Edmond Picard. — Médaille, 56 mm. Bronze.
24. A. J. Wauters, 1913. — Médaille, 53 mm. Bronze.
25. Libre Académie de Belgique. — Plaquette cintrée, 77 $\times$ 55 mm. Argent.
26. Conférence du Jeune Barreau de Bruxelles. — Médaille, 65 mm. Bronze.
27. A. G. M. Stevens (Le monde où l'on sent l'huile), 1912. — Médaille, 35 mm. Bronze.
28. Fiançailles. — Médaille uniface, 40 mm. Bronze.
29. Les Amitiés françaises de Bruxelles. — Insigne, 31 mm. Or.
30. A ma guise. — Médaille uniface, 30 mm. Bronze.
31. Quand même. — Médaille uniface, 30 mm. Bronze.
32. Biche. Etude. — Petite plaquette ovale, 28 $\times$ 21 mm. Bronze.

Nᵒ 363. **CHARLIER** (Guillaume).

Né à Ixelles en 1854.

35, avenue de Cortenberg, Bruxelles.

1 et 2. Inauguration du monument Jules Bara à Tournai, 1903. — Plaquette, 43 × 61 mm. Bronze.

3 et 4. Œuvre de l'habillement des enfants de nos soldats, Bruxelles, 1918. — Plaquette, 45 × 65 mm. Bronze.

5 et 6. Inauguration du monument aux morts pour la Patrie, St-Josse-ten-Noode, 1920. — Plaquette, 52 × 70 mm. Bronze.

Nᵒ 364. **DE BREMAECKER** (Eugène J.).

Né à Bruxelles, le 14 juillet 1879.

162, rue de Laeken, Bruxelles.

1. Jules Bufquin des Essarts, 1912. — Plaquette, 40 × 55 mm. Argent.

2 et 3. Mˡˡᵉ Félyne Verbist, 1913, Le Spectre de la Rose. — Méd. 28 mm. Bronze.

4 et 5. Mˡˡᵉ Paulette Verdoot, 1913. — Méd. 30 mm. Bronze.

6. Emile Pirsch, 1913. — Plaquette, 38 × 45 mm. Bronze.

7. Daniel Tempels, commandant des Chasseurs cyclistes, 1913. — Médaille, 41 mm. Bronze.

8. Le comte d'Athlone, 1919. — Plaquette, 48 × 63 mm. Bronze.

9. Le commandant Génie, chef de la mission militaire française auprès du G. Q. G. belge. — Plaquette, 23 × 32 mm. Bronze.

10. Mᵐᵉ Angèle-Jehane De Grave, 1917. — Breloque, 30 mm. Argent.

11. Le R. P. G. C. Rutten. — Breloque, 30 mm. Argent.

12. Paul Ponzio. — Breloque, 34 mm. Bronze.

13. Aux marraines de la guerre. — Breloque, 28 mm. Bronze.

14. Yser, 1916. — Plaquette 35 $\times$ 40 mm. Bronze.
15. L'Armée belge à ses infirmières. — Breloque 28 mm. Argent.
16 et 17. Médaille commémorative de la Campagne 1914-1918. — 30 $\times$ 47 mm. Bronze.
18. A nos braves. — Breloque, 27 mm. Bronze.
19 et 20. St-Josse-ten-Noode à ses combattants. — Breloque, 28 mm. Bronze.
21 et 22. Bruxelles à ses combattants. — Breloque, 30 mm. Bronze argenté.
23 Mme Eug. J. De Bremaecker. — Breloque, 31 mm. Bronze.
24 et 25. Loge provisoire de La Panne. — Breloque, 28 mm. Bronze.
26 et 27. Chambre de Commerce de Bruxelles, 1911. — Médaille, 70 mm. Bronze.
28 et 29. Société internationale de télégraphie sans fil, 1919. — Plaquette 60 $\times$ 80 mm. Bronze.
30 et 31. Cinquantenaire de l'École industrielle de Bruxelles, 1919. — Plaquette, 37 $\times$ 47 mm. Bronze.
32 et 33. Aujourd'hui, mais demain? — Médaille, 39 mm. Bronze.
34. Vanité. — Pendentif, 39 mm. Bronze.
35. Médaille de La Plume. — Breloque, 27 mm. Bronze.

N° 365. DE COCK (Karl).

Né à Gand, le 6 mars 1879.

Laethem-St-Martin.

1. Jan Delvin, 1913. — Plaquette, 85 $\times$ 121 mm. Galvano argenté.
2. Emile Braun, bourgmestre de Gand, 1914. — Plaquette, 95 $\times$ 96 mm. Galvano argenté.
3 et 4. Emile Braun, 1914. — Plaquette frappée, 47 $\times$ 47 mm. Argent et bronze.
5 et 6. Exposition universelle et internationale de Gand, 1913. — Médaille, 55 mm. Bronze.

N⁰ 366.   DE CUYPER (Floris).

Né à Anvers, le 7 août 1875.

Villa Greta, 36, avenue de la Chapelle, Mortsel.

1. Exposition de chasse et pêche, Anvers 1907. — Plaquette, 41×68 mm. Bronze.
2. Inauguration de l'Aquarium du Jardin zoologique d'Anvers, 1911. — Médaille, 64 mm. Bronze.
3. Société royale de Zoologie d'Anvers. — Médaille, 64 mm. Bronze.
4. Centenaire d'Henri Conscience, 1912. — Médaille, 63 mm. Bronze.
5 et 6. Première communion de Greta De Cuyper, 1914. — Plaquette cintrée, 48×60 mm. Bronze.
7. Société protectrice des animaux à Anvers. — Breloque, 30 mm. Argent.

N⁰ 367.   DEVREESE (Godefroid).

Né à Courtrai, le 19 août 1861.

134, boulevard Lambermont, Bruxelles.

1. La Polonaise, 1900. — Médaillon, 100 mm. Fonte, bronze.
2 et 3. Noces d'or du baron et de la baronne de Vos-van Steenwyck, 1903. — Médaille, 60 mm. Bronze argenté.
4. Edouard vanden Broeck, 1904. — Médaille, 60 mm. Bronze argenté.
5 et 6. LXXV⁰ anniversaire de l'Indépendance de la Belgique, 1905. — Médaille, 70 mm. Galvanos argentés.
7 et 8. Exposition des Beaux-Arts de Liége, 1905. — Médaille, 75 mm. Galvanos argentés.
9. Association belge de photographie. — Plaquette, 35×65 mm. Bronze.
10. Alphonse de Witte, 1906. — Plaquette, 46×65 mm. Bronze.

11.   Lucius Septimius Severus. — Plaquette, 43×74 mm.
         Bronze argenté.

12 et 12*bis*.   En souvenir de l'Exposition de Liége, 1906. —
         Médaille, 75 mm. Coquilles dorées.

13.   Louis Coetermans, 1906. — Plaquette cintrée, 52×
         78 mm. Bronze.

14.   Emile De Mot, 1907. — Plaquette cintrée, 50×78 mm.
         Bronze.

15.   Fritz Rotiers, 1903. — Médaille uniface, 55 mm.
         Bronze.

16.   Emile Dupont, 1908. — Plaquette, 50 × 70 mm.
         Bronze.

17.   Walter, Georg et Franz Ganshof, 1906. — Plaquette,
         108×75 mm. Galvano argenté.

18.   Mme G. Devreese, 1908. — Médaille, 51 mm. Bronze
         argenté.

19.   Auguste Moyaux, 1909. — Plaquette, 48×80 mm.
         Bronze.

20.   Auguste Beernaert, 1910. — Médaille, 65 mm. Bronze.

21.   Louis Goldschmidt, 1910. — Médaille, 60 mm. Bronze
         argenté.

22.   Ernest Babelon, 1910. — Médaille, 65 mm. Bronze.

23.   Exposition internationale de la Médaille à New-York,
         1910. — Plaquette, 50 × 88 mm. Bronze.

24 et 25.   XXVe anniversaire de l'Association belge de la
         Presse, 1910. — Plaquette cintrée par en haut
         et par en bas, 60 × 60 mm.

26.   Mlle Aline de Smeth, 1904. — Plaquette cintrée,
         80 × 115 mm. Galvano argenté.

27.   Oscar Landrien, 1906. — Plaquette cintrée, 62×80 mm.
         Galvano argenté.

28.   Auguste Dumont, 1907. — Plaquette cintrée,
         76 × 105 mm. Galvano argenté.

29.   René Stevens. — Plaquette 92 × 143 mm. Galvano
         argenté.

30.   Orgueil. — Médaillon, 100 mm. Galvano argenté.

31.   Gustave Francotte. — Médaille, 65 mm. Bronze
         argenté.

32.   Le Comte de Smet de Naeyer. — Médaille, 30 mm.
         Bronze doré.

33. Gustave De Breyne-Du Bois, 1913. — Plaque
111 × 140 mm. Fonte de bronze.

34. Constant Devreese et Virginie Vande Wiele. — Plaque
cintrée, 93 × 120 mm. Galvano argenté.

35. St Michel terrassant le dragon. — Médaillon, 118 mm.
Galvano argenté.

36 et 37. Ad. Greiner, 1912. — Plaquette cintrée,
51 × 80 mm. Bronze.

38. Ernest Van Dyck, 1912. — Plaquette cintrée.
50 × 72 mm. Bronze.

39. Le Dr. Ed Van Beneden, 1912. Plaquette cintrée,
58 × 78 mm. Bronze.

40. Mlle Grimard, 1913. — Plaquette cintrée, 48 × 68 mm.
Bronze.

41. Mme Osterrieth, 1912. — Plaquette, 49 × 64 mm.
Bronze argenté.

42. Henri Van Laer, 1912. — Médaille, 60 mm. Bronze.

43 et 44. Exposition des Beaux Arts de Bruxelles, 1910. —
Plaquette, 47 × 81 mm. Bronze.

45 et 46. Aéro-Club de Belgique. — Plaquette cintrée,
46 × 88 mm. Bronze argenté.

47. Société royale Saint-Hubert. — Plaquette cintrée,
42 × 38 mm. Bronze.

49. Salon international de la Médaille, Gand, 1913. —
Plaquette cintrée, 70 × 68 mm. Bronze argenté.

50 et 51. Troisième centenaire de la Chef confrérie de
Saint-Michel à Gand, 1913. — Plaquette cintrée,
41 × 85 mm. Bronze.

52. Elisabeth, reine de Roumanie, 1913. — Plaquette
cintrée, 55 × 82 mm. Bronze.

53 et 54. Noces d'or de William H. et d'Elisabeth E. Lever,
1913 — Médaille, 65 mm. Bronze argenté.

55 et 56. Première représentation de « Parsifal » au Théâtre
de la Monnaie à Bruxelles, 1914. — Médaille,
75 mm. Bronze argenté.

57. La ronde des Filles fleurs. — Médaillon, 160 mm.
Galvano argenté.

58. Jean. — Médaille, 30 mm. Bronze argenté.

59. Bébé. — Médaille, 30 mm. Bronze argenté.

60. Yvonne. — Médaille, 33 mm. Bronze argenté.

61. Jacques. — Médaille, 34 mm. Bronze argenté.

62. Installations maritimes de Bruxelles, 1914. — Plaquette cintrée, 72 × 72 mm. Bronze.

63. Le Roi, 1914. — Plaquette, 61 × 90 mm. Bronze doré.

64. Pendant l'absence, 1914. — Plaquette cintrée, 77 × 110 mm. Bronze.

65. Rêverie, 1915. — Plaquette cintrée, 78×110 mm. Bronze.

66. Le Général Leman. — Médaille, 70 mm. Bronze.

67. Ruines du fort de Loncin. — Médaille, 70 mm. Bronze.

68. Ne la réveille pas. — Plaquette, 48×30 mm. Bronze argenté.

69 et 70. Laissez venir à nous les petits enfants. — Plaquette, 65×57 mm. Bronze argenté.

71 et 72. Croix rouge de Belgique, en souvenir de services rendus, 1914-1919 — Plaquette cintrée, 56× 68 mm. Bronze.

73 et 74. Œuvre des Petites Abeilles, Bruxelles. — Breloque, 23×34 mm. Bronze argenté.

75 et 76. Assistance discrète, Bruxelles. — Plaquette, 45×62 mm. Bronze argenté.

77 et 78. Assistance discrète, Bruxelles. — Breloque, 20×32 mm. Bronze argenté.

79 et 80. La Cantine du Soldat prisonnier. — Médaille, 55 mm. Bronze.

81. Exposition de travaux manuels, Bruxelles, 1915. — Breloque, 25×36 mm. Bronze argenté.

82. Alimentation de l'Enfance, région de Charleroi. — Plaquette, 52×60 mm. Bronze argenté.

83 et 84. Alimentation de l'Enfance, région de Charleroi. — Breloque, 26×38 mm. Bronze argenté.

85 et 86. La Fleur de l'Orphelin. — Plaquette, 46×62 mm. Bronze.

87 et 88. Association charbonnière du Centre. Ravitaillement, 1916. — Plaquette cintrée, 65×62 mm. Bronze.

89 et 90. Secours alimentaire, Uccle, 1917. — Plaquette, 70×75 mm. Bronze.

91 et 92. Insigne de service de la Commission for Relief

in Belgium. — Plaquette, 50×65 mm. Bronze argenté.

93. La Belgique à l'Amérique. — Médaille, 90 mm. Bronze argenté.

94. La Belgique à l'Amérique. — Médaille, 70 mm. Bronze argenté.

95. L'Aveugle et le Paralytique, 1916. — Médaille, 90 mm. Bronze argenté.

96 et 97. Sous l'œil des Barbares. — Plaquette, 65×48 mm. Bronze argenté.

98 et 99. Herbert Hoover. — Médaille, 75 mm. Bronze argenté.

100 et 101. S. E. Brand Whitlock. — Médaille, 75 mm. Bronze argenté.

102 et 103. S. E. le marquis de Villalobar. — Médaille, 75 mm. Bronze argenté.

104 et 105. S. E. Maurice van Vollenhoven. — Médaille, 75 mm. Bronze.

106 et 107. LL. EE. Brand Whitlock et le marquis de Villalobar. Médaille, 75 mm. Bronze argenté.

108. Herbert Hoover. — Médaille, 55 mm. Bronze argenté.

109 et 110. S. E. Pierre de Margerie. — Médaille, 75 mm. Bronze argenté.

111. S. E. Francis Hyde Villiers. — Médaille, 75 mm. Bronze.

112. S. E. Trandafir G. Djuvara. — Médaille, 75 mm. Bronze.

113. Schaerbeek à ses combattants. — Breloque, 22×45 mm. Bronze argenté.

114 et 115. Adolphe Max. — Médaille, 65 mm. Bronze.

116 et 117. Emile Jacquemain. — Médaille, 65 mm. Bronze.

118 et 119. Comité provincial de Secours et d'Alimentation pour le Brabant, 1914-1919. — Médaille, 69 mm. Bronze.

120. Jean De Mot. — Médaille, 70 mm. Bronze.

121. Achille Baumann. — Médaille, 65 mm. Bronze.

122. Ed. Peltzer de Clermont. — Plaquette, 50×75 mm. Bronze argenté.

123. Mme X. Plaquette, 45×72 mm. Bronze.

124.   5o^{me} anniversaire du mariage d'Alphonse Delwart et
       d'Alphonsa Solvay. — Plaquette cintrée,
       60×72 mm. Bronze argenté.

125.   Mieke. — Plaquette cintrée, 60×54 mm. Bronze
       argenté.

126.   Loge « les Amis philanthropes de Bruxelles ». —
       Plaquette, 44×70 mm. Bronze argenté.

127 et 128.   Le stoïcisme des mères. — Médaillon, 160 mm.
       Galvano argenté.

129 et 130.   Médaille de la Reconnaissance nationale. —
       32 mm. Bronze.

131 et 132.   Essai de la pièce de 100 francs de Belgique.
       — Plomb.

133.   Essai de la pièce de 1 franc de Belgique. — Argent.

134 et 135.   Banque nationale de Belgique. — Plaquette
       cintrée, 45×85 mm. Bronze.

136 et 137.   Aux conférenciers des œuvres d'assistance. —
       Breloque, 18×56 mm.

138.   Georges Clemenceau. — Médaillon, 168 mm. Fonte,
       bronze.

139.   Wilhelmine et Franz Ganshof, 1912. — Plaquette,
       77×88 mm. Galvano argenté.

140.   Le comte G. de Nédonchel. — Médaille, 45 mm.
       Bronze argenté.

141.   A. Massaux, 1908. — Plaquette cintrée, 48×70 mm.
       Bronze.

142.   J. Manne, 1911. — Plaquette cintrée, 50×77 mm.
       Bronze.

143.   Le baron Henri Kervyn de Lettenhove, 1910. —
       Médaille, 65 mm. Bronze.

144 et 145.   Alphonse de Witte, 1911. — Plaquette,
       47 × 69 mm. Bronze.

146.   Le baron Goffinet, 1919. — Plaquette cintrée,
       53 × 74 mm. Bronze.

147.   Le général baron Empain, 1919. — Médaille, 65 mm.
       Bronze argenté.

148.   M. Bastien — Médaille, 32 mm. Bronze argenté.

149.   La lettre : Tel un conte de fées. — Plaquette cin-
       trée, 49 × 50 mm. Bronze argenté.

150.   S. A. R. la Princesse Marie-José, 1914. — Médaille,
       20 mm. Argent.

151. Fédération des Employés communaux, 1906. —
        Insigne 25 × 35 mm. Argent.

152   Essai de la pièce de 100 francs à l'effigie du roi
        Albert. — 33 mm. Bronze.

153. Empreinte du Sceau de la ville de Bruxelles. — Cire
        rouge.

154. Empreinte du Sceau de l'Ambassade de France à
        Bruxelles. — Cire verte.

155 et 156. Exposition universelle de Bruxelles, 1910. —
        Médaille, 70 mm. Bronze.

N° 368 DU BOIS (Paul).

Né à Aywaille, le 23 septembre 1859.

57, avenue de Longchamps, Uccle-Bruxelles.

1. Mlle Nicole Slosse, 1908. — Médaille, 33 mm. Bronze.

2 et 5. Charles Lejeune, 1909. — Plaquette, 55 × 64 mm.
        Bronze.

4 et 5. Paul Pastur et Alfred Langlois, 1911. —
        Médaille, 60 mm. Bronze.

6 et 7. Paul Pastur et Alfred Langlois, 1911. — Bre-
        loque, 28 mm. Bronze.

8. Ville de Bruxelles. Saint-Michel. — Plaquette,
        43 × 55 mm. Bronze argenté.

9 et 10. Ville de Mons. — Médaille, 52 mm. Bronze
        argenté.

11. La Belgique, les Sciences et les Arts. — Médaille,
        70 mm. Bronze.

12. *Dulce et decorum est pro patria mori*, 1916. — Pla-
        quette, 73 × 62 mm. Bronze.

13 et 14. Comité bruxellois de Secours et d'Alimentation.
        — Médaille, 60 mm. Bronze argenté.

15 et 16. S. E. le marquis de Villalobar. — Médaille,
        75 mm. Bronze argenté.

17. Pax. — Médaille, 60 mm. Bronze argenté.

18. Pax 1916. — Médaille, 30 mm. Bronze argenté

19. Pietas. — Médaille, 30 mm. Bronze argenté.

20. Adaèdre. 1906. — Breloque, 27 mm. Argent.

21 et 22. Médaille de la Victoire. — 36 mm. Bronze.

N⁰ 369   **DUPON** (Josuë).

Né à Ichteghem, le 22 mai 1864.

40, rue de la Toison d'Or, Berchem-Anvers.

1. Le Baron A. Delbeke. — Médaille, 55 mm. Bronze.
2. Th. Smekens, 1913. — Médaille, 70 mm. Bronze.
3. H. Horrie. 1914. — Médaille, 70 mm. Bronze.
4. Joyeuse entrée de LL. MM. Albert et Elisabeth à
       Anvers, 1912. — Médaille, 68 mm. Bronze.
5. Le Lieutenant-général de T'Serclaes de Wommerson,
       1914. — Médaille, 60 mm. Bronze.
6 et 7. Nicaise De Keyser, 1913. — Médaille, 70 mm.
       Bronze argenté.
8. H. Luyten. — Médaille, 70 mm. Bronze argenté.
9. Frans Van Kuyck, 1912. — Médaille, 70 mm. Bronze
       argenté.
10. Victor Desguin, 1917. — Médaille, 70 mm. Bronze.
       argenté.
11. Les vertus bourgeoises. — Médaille, 70 mm. Bronze.
12. Cantine Lamorinières à Anvers, 1914-1918. —
       Médaille, 60 mm. Bronze argenté.
13 à 15. La Belgique à la Grande Bretagne. — Médaille,
       60 mm. Bronze.
16. Edouard Bernays, 1919. — Médaille, 58 mm. Bronze.
17. Georges Vaes, 1919. — Médaille, 58 mm. Bronze.
18 et 19. Eugène Van den Bosch, 1919. — Médaille,
       58 mm. Bronze.
20. Paul Huybrechts, 1916. — Médaille, 69 mm. Bronze.
21. Fl. Bernaerts. — Médaille, 60 mm. Bronze.
22 à 24. S. Em. le cardinal Mercier. — Médaille, 60 mm.
       Bronze.
25. G. Caroly, 1920. — Médaille, 68 mm. Bronze argenté.
26. Quatre centième anniversaire de Christophe Plantin.
       — Médaille, 70 mm. Bronze.
27 et 28. VIIᵉ Olympiade, Anvers 1920. — Médaille,
       60 mm. Bronze argenté.
29 et 30. L'Union fait la Force. — Breloque, 27 mm.
       Bronze et bronze argenté.
31 et 32. Flamands-Wallons. — Breloque, 27 mm. Bronze
       argenté.

N° 370   HUYGELEN, (Frans).

Né à Anvers, le 19 août 1878.

42, rue Edith Cavell, Uccle-Bruxelles.

1 et 2.   Campagne de l'armée belge au Congo, 1914-1918. — Médaille, 88 mm. Bronze.

N° 371   JOURDAIN (Jules).

Né à Namur, décembre 1873.

78, rue de la Consolation, Bruxelles.

1 et 2.   Congrès international de Numismatique et d'Art de la Médaille, Bruxelles 1910. — Médaille, 65 mm. Bronze.

3.   LXXV⁰ Anniversaire de la Commission royale d'Histoire, 1909. — Médaille, 65 mm. Bronze.

4.   Le comte Amédée Visart de Bocarmé, 1913. — Médaille, 65 mm. Bronze.

5.   Ecole belge d'infirmières Saint-Camille, 1913. — Breloque, 30 mm. Argent.

6.   Cinquantenaire de l'Institut Saint-Louis à Bruxelles, 1908. — Jeton, 28 mm. Bronze.

7.   Julien Van der Linden, 1911. — Médaille, 65 mm. Bronze.

8 et 9.   S. Em. le cardinal Mercier, 1915. — Médaille, 65 mm. Bronze argenté et bronze.

10 et 11.   Fernand Golenvaux, 1918. — Médaille, 65 mm. Bronze argenté et bronze.

12 et 13.   Notre Dame de Hal, 1910. — Médaille, 60 mm. Bronze.

14.   Notre Dame de Hal, 1910. — Médaille, 28 mm. Argent.

N° 372   LAGAE (Jules).

Né à Roulers, le 15 mars 1862.

8, avenue Michel-Ange, Bruxelles

1.   Edouard Remy, 1905. — Médaille, 50 mm. Bronze.

2.   Edouard Simon, 1902. — Médaille, 70 mm. Bronze.

3.   Le général Saavedra, 1910. — Médaille, 65 mm. Bronze argenté.

4. et 5.   Albert Blacas, 1916. — Médaille, 76 mm. Bronze.
6. Œuvre du Vêtement. Bruxelles, 1914-1918. — Médaille, 35 mm. Argent doré.
7. Compagnie belge maritime du Congo, 1919. — Médaille, 80 mm. Bronze doré.
8. et 9.   Emile Francqui. — Medaille, 75 mm. Bronze.

N⁰ 373   LECROART (Jean).

Né à Laeken, le 12 juillet 1883.

29, rue du Lion, Schaerbeek.

1. Le Dr J. Hilson. — Médaille, 71 mm. Galvano bronzé.
2. J. Merckaert, 1909. — Plaquette, 120 $\times$ 100 mm. Galvano bronzé.
3. Académie royale flamande. — Médaille uniface, 97 mm. Galvano bronzé.
4. Défense de Dixmude par les fusiliers marins français. — Médaille, 50 mm. Bronze.
5. Ariane. — Plaquette coulée, 115 $\times$ 60 mm. Bronze.
6. Vox Populi. — Plaquette coulée, 70 $\times$ 138 mm. Bronze.
7. Lux. — Plaquette coulée, 75 $\times$ 158 mm. Bronze.
8. Avril. — Plaquette coulée, 96 $\times$ 160 mm. Bronze argenté.

N⁰ 374   LE ROY (Hippolyte).

Né à Liége, en 1857.

4, boulevard Gustave Callier, Gand.

1. Victor Lemaire, 1905. — Médaille, 60 mm. Bronze.
2. Le baron R. de Kerchove d'Exaerde, 1910. — Plaquette, 48 $\times$ 65 mm. Bronze.
3. Ferdinand Vanderhaeghen, 1911. — Médaille, 60 mm. Bronze.
4. Le baron J. de Chestret de Haneffe, 1914. — Médaille 33 mm. Bronze.
5. L. Cloquet et St-Mortier, 1913. — Médaille, 65 mm. Bronze.

6. Atelier d'orfèvrerie Wiskemann, à Bruxelles. — Médaille, 50 mm. Métal blanc.
7. Exposition agricole de Gand, 1908. — Médaille, 60 mm. Bronze argenté.
8. Académie royale flamande. — Médaille, 60 mm. Bronze.
9. Congrès archéologique de Gand, 1907. — Médaille, 60 mm. Bronze.
10 et 11. Centenaire de la Loge le Septentrion de Gand, 1911. — Plaquette 50 × 65 mm. Bronze argenté et bronze doré.
12 et 13. XXVe anniversaire de l'Association des Ingénieurs sortis de l'Ecole de Gand, 1902. — Médaille, 52 mm. Bronze et Argent.
14. Association des Ingénieurs sortis des Ecoles spéciales de Gand. — Insigne, 35 × 28 mm. Argent.
15. Conseil communal de Gand. — Insigne, 35 × 40 mm. Argent.
16. Concours agricole de Namur, 1901. — Insigne du Jury, 28 × 43 mm. Bronze doré.
17. Œuvre du Grand Air pour les Petits, Bruxelles. — Breloque, 30 mm. Argent.

No 375   **LORRAIN (Jenny).**
Née à Virton.
57, rue Thiefry, Bruxelles.

1. Thil-Lorrain. — Médaillon, 175 mm. Bronze.
2. Centenaire d'Henri Conscience, 1912. — Médaillon, 120 mm. Bronze.
3. *Infanzia in te si spera*, 1915. — Médaillon, 108 mm. Bronze.
4. Jane Wallef. — Médaille, 50 mm. Galvano argenté.
5. Insigne de l'Association des diplômés de l'Ecole des Mineurs de Seraing, — Insigne, 28 × 35 mm. Argent.
6 et 7. La Ville de Verviers à ses combattants. — Insigne, 34 × 43 mm. Bronze doré et bronze.
8. En cellule. — Plaquette, 78 × 68 mm. Bronze.

N° 376 MAUQUOY (Alphonse).

Né à Anvers, le 28 octobre 1880.

7, Marché-Saint-Jacques, Anvers.

1 et 2. Exposition de Charleroi, 1911. — Médaille, 60 mm. Bronze.

3. Martin Mauquoy, 1911. — Plaquette, 47 $\times$ 65 mm. Bronze.

4. S. M. la reine Elisabeth, 1911. — Médaille, 50 mm. Bronze.

5. S. M. le roi Albert, 1910. — Médaille, 50 mm. Bronze.

6. L^{me} anniversaire de l'affranchissement de l'Escaut, 1913. — Plaquette, 75 $\times$ 55 mm. Bronze.

7. Inauguration du monument Dhanis à Anvers, 1913. — Plaquette, 73 $\times$ 55 mm. Bronze

8. Henri Dubois, 1914. — Médaille 40 mm. Bronze.

9. Centenaire d'Henri Conscience, 1912. — Plaquette, 35 $\times$ 45 mm. Bronze argenté,

10. Victoire ! 1913. — Plaquette cintrée, 55 $\times$ 65 mm. Bronze.

11. Exposition de Charleroi, 1911. — Médaille, 40 mm. Bronze.

12. Concours de bétail, 1913. — Médaille, 50 mm. Bronze.

13 et 14. Floriculture, 1913. — Plaquette, 55 $\times$ 70 mm. Bronze argenté et bronze.

15. S. Em. le cardinal Mercier, 1916. — Plaquette, 55 $\times$ 77 mm. Bronze.

16. La Cathédrale de Malines. Revers de la pièce précédente. — Plaquette, 55 $\times$ 77 mm. Bronze.

17 et 18. L'Avenir, œuvre du vêtement des enfants nouveau-nés à Anvers, 1917. — Plaquette, 50 $\times$ 70 mm., bronze.

19 et 20 Œuvre de la Maison des Invalides à Anvers, 1918. — Médaille, 70 mm. Bronze.

21. Bombardement d'Anvers en 1914. Médaille, 50 mm. Bronze.

22. La Libération du Territoire, 1918. — Médaille, 70 mm. Bronze.

23. Fête de la Paix à Anvers, 1919. — Médaille, 70 mm. Bronze.

24. Inauguration du monument Peter Benoît à Anvers,
   1920. — Médaille, 70 mm. Bronze.

25 Victoire ! 1913. — Médaillon, galvano-argenté, 100 mm.

26. La mère et l'enfant, 1917. — Médaillon coulé ovale,
   140 $\times$ 180 mm. Bronze.

27 et 28. 1.me Anniversaire de la Société anonyme de
   remorquage à hélice d'Anvers, 1920. — Plaquette, 80 $\times$ 57 mm. Bronze.

29 et 30. *Deutschland über alles, aber nicht über den Yser*,
   1917. — Jeton satirique, 30 mm. Bronze.

31 et 32. Les Boches et les Abeilles des Neuf provinces,
   1918. — Jeton satirique, 30 mm. Bronze.

33 et 34. La Belgique fidèle à son Roi, 1916. — Breloque
   ovale, 21 $\times$ 27. Argent.

35 et 36. Justesse de la cause de la Belgique, 1917. —
   Breloque, 23 mm. Argent.

37. Le bon Samaritain. (Œuvre internationale pour
   blessés et prisonniers de guerre ayant son siège
   en Hollande), 1915. — Médaille, 30 mm. Bronze.

37 et 39. Dîner Anversois, 1916. — Breloque, 30 $\times$ 34 mm.
   Bronze.

40. Maison des Invalides à Anvers, 1915. — Breloque,
   25 $\times$ 31 mm. Argent.

41. Œuvre de l'Avenir, 1917. — Breloque, 21 $\times$ 30 mm.
   Argent.

42. Lommel à ses combattants, 1920. — Breloque,
   25 $\times$ 31 mm. Bronze.

43. S. Em. le cardinal Mercier, 1917. — Breloque carrée,
   25 $\times$ 25 mm. Bronze argenté.

44. S. Em. le cardinal Mercier, 1917. — Breloque ronde,
   30 mm. Bronze.

45. S. Em. le cardinal Mercier, 1917. — Breloque ovale,
   22 $\times$ 30 mm. Bronze.

46. S. Em. le cardinal Mercier, 1916. — Petite plaquette
   cintrée, 21 $\times$ 25 mm. Bronze.

47. LL. MM. le Roi et la Reine, 1915. — Breloque ovale,
   22 $\times$ 30 mm. Bronze.

48. Notre Avenir, œuvre pour les nourrissons. Anvers,
   1913. — Breloque, 23 $\times$ 30 mm. Bronze.

49. S. M. le Roi, 1914. — Breloque, 22 $\times$ 27 mm. Bronze

5o. LL. MM. le Roi et la Reine, 21 juillet 1917. —
     Breloque, 18 mm. Bronze argenté.
51 et 52. *Victoria Germanica*, 1919. — Breloque, 23 mm.
     Bronze.
53 et 54. Installations maritimes de Bruxelles, 1914. —
     Breloque, 28×36 mm. Bronze.
55. Cercle des Géomètres et Architectes d'Anvers, 1913.
     — Breloque, 27×36 mm. Bronze.
56. Pensée, 1915. — Breloque, 35×35 mm. Bronze.
57. Pensée, 1914. — Breloque, 3o×3o mm. Bronze.
58. Saint François d'Assise et Sainte Elisabeth, 1912. —
     Breloque, 3o×4o mm. Bronze.

N⁰ 377 PETIT (Georges).

Né à Lille en 1879.
65, rue du Parc, à Liége.

1. Conseil communal de Liége, 1912. — Insigne, 28 mm.
    Argent.
2. Jules Melotte, 1913. — Breloque, 27 mm. Argent.
3 et 4. Insignes maçonniques. Liége, 1913. — Breloques,
    27 mm. et 27×26 mm. Argent.
5. Bellone, 1915. — Breloque, 31×26 mm. Argent.
6. Assistance discrète de Liége, 1915. — Breloque,
    31×26 mm. Argent,
7. S. M. le roi Albert, 1916. — Plaquette, 6o×8o mm.
    Bronze.
8 et 9. S. M. le roi Albert, 1915. — Petite plaquette,
    18×24 mm. Argent.
10 et 11. Hommage aux Etats-Unis d'Amérique, 1916. —
    Médaille, 70 mm. Bronze.
12 et 13. Hommage aux Etats-Unis d'Amérique, 1916. —
    Breloque, 27 mm. Argent.
14 et 15. Hommage à la Hollande, 1916. — Médaille,
    70 mm. Bronze.
16 et 17. Hommage à la Hollande, 1916. — Breloque,
    27 mm. Argent.
18 et 19. Œuvre de la Soupe à Liége, 1917. — Médaille,
    70 mm. Bronze.

20 et 21. Œuvre de la Soupe à Liége, 1917. — Breloque, 27 mm. Argent.

22. S. M. le roi Albert, 1918. — Plaquette, 65×80 mm. Bronze.

23. S. M. le roi Albert, 1918. — Breloque, 24×27 mm. Argent.

24 et 25. Aux Morts pour la Patrie. — Plaquette, 70×100 mm. Bronze.

26 et 27. Charles Magnette. — Médaille, 60 mm. Bronze.

28 et 29. Paul van Hœgaerden. — Médaille, 70 mm. Bronze.

30 et 31. Liége arrête les Barbares; la France honore Liége. — Médaille offerte par la ville de Liége au président Raymond Poincaré le 24 juillet 1919. — 75 mm. Bronze doré.

32 et 33. La ville de Liége à ses combattants, 1920. — Breloque, 34 mm. Bronze.

34. A A E E M. — Breloque, 30 mm. Argent.

35 et 36. La ville de Louvain à ses combattants, 1920. — Breloque, 27 mm. Bronze argenté.

Nº 378. SAMUEL (Charles).

Né à Bruxelles, le 29 décembre 1862.

36, rue Washington, Bruxelles.

1. S. A. R. Mme la Comtesse de Flandre. — Médaille, 70 mm. Bronze argenté.

2. Léopold II, 1905. — Médaille, 70 mm. Argent.

3. Scientia, 1905. — Médaille, 70 mm. Bronze.

4. Auguste Vergote, 1906. — Plaquette, 49 × 65 mm. Bronze.

5. Le comte Goblet d'Alviella, 1907. — Médaille, 70 mm. Bronze.

6 et 7. Pierre Graux, 1907. — Plaquette, 50 × 69 mm. Argent.

8 et 9. F.-A. Gevaert, 1908. — Plaquette, 46 × 62 mm. Bronze et argent.

10. Clotilde Kleeberg-Samuel, 1909. — Plaquette, 52 × 65 mm. Argent.

11. Le baron Janssen, 1910. — Médaille, 65 mm. Bronze.

12 et 13. Le duc d'Ursel, 1910. — Médaille, 65 mm. Argent et bronze.

14. Car.-Théod.-Louis Hippert, 1911. — Plaquette, 52 × 65 mm. Bronze.

15. Prosper Wielemans, 1911. — Plaquette, 49 × 60 mm. Bronze.

16 et 17. Hector De Backer, 1918. — Médaille, 70 mm. Bronze.

18. Jean-Pierre Perez. — Breloque, 30 mm. Argent.

19. Marc Perez. — Breloque, 30 mm. Argent.

20. S. M. la reine Elisabeth. — Breloque, 28 mm. Argent.

21. Ambulance du Palais royal de Bruxelles, 1915. — Breloque, 28 mm. Argent.

22 et 23. XVIe Congrès international des Tramways, Bruxelles, 1910. — Breloque, 28 mm. Argent.

24 et 25. Les Sociétés bruxelloises à S. A. R. le prince Albert, 1909. — Médaille, 65 mm. Bronze.

26 et 27. Joseph Ropsy-Chaudron, 1912. — Plaquette cintrée, 65 × 53 mm. Bronze.

28. Union syndicale des Hôteliers, 1905. — Médaille, 50 mm. Bronze.

29. Société centrale d'Architecture de Belgique. — Plaquette, 50 × 58 mm. Bronze.

30 et 31. Protection des Œuvres Littéraires et Artistiques. 1911. — Plaque cintrée, 70 × 65 mm. Galvano.

32. Etude pour le revers d'une pièce belge de 20 francs. — Galvano, 108 mm.

No 379.   THEUNIS (Pierre).

Né à Anvers, le 1er mai 1883.

46, rue Quinaux, Bruxelles.

1. Comité provincial du Brabant. Œuvres de l'Enfance. — Plaquette, 68 × 60 mm. Bronze.

2. Comité provincial du Brabant. Colonies d'enfants débiles. — Plaquette cintrée, 60 × 65 mm. Bronze.

3 et 4. Œuvre de l'habillement des Orphelins de nos soldats, 1917. — Plaquette, 46 $\times$ 60 mm. Bronze argenté.

5 et 6. Œuvre de l'Alimentation de l'Enfance. Namur, 1918. — Plaquette, 50 $\times$ 70 mm. Bronze argenté.

7. Liége, Waelhem, Nieuport, 1914. — Médaille, 70 mm. Bronze argenté.

8 Même médaille, 35 mm. Bronze argenté.

9. Même médaille, 27 mm. Bronze argenté.

10. Même médaille, 19 mm. Bronze argenté.

11. Mr et Mme Henri Carton de Wiart. — Médaille, 75 mm. Bronze.

12. VIIe Olympiade, Anvers 1920. — Médaille, 60 mm. Bronze.

13. La Musique. — Plaquette cintrée, 66 $\times$ 57 mm. Bronze.

N° 380. VERMEYLEN (Frantz).

Né à Louvain le 25 novembre, 1857.

31, rue des Récollets, Louvain.

1. Al. de Marbaix, 1894. — Médaille, 47 mm. Bronze.

2. François De Walque, 1908. — Médaille, 38 mm. Bronze.

3 et 4. Le vicomte B. de Jonghe, 1919. — Médaille, 60 mm. Bronze.

5 et 6. Alf. Nerinckx, 1918. — Plaquette 43 $\times$ 60 mm. Bronze.

7. Michel Levie, 1920. — Plaquette cintrée, 45 $\times$ 68 mm.

8 et 9. Noces d'or du comte et la comtesse de Limburg-Stirum. — Médaille, 65 mm. Bronze.

10. Ch Piot. — Médaille, 35 mm Bronze.

11 et 12. Mort du roi Léopold II, 1909. — Médaille, 70 mm. bronze.

13. Étude pour le revers de la médaille du LXXVe anniversaire de l'Indépendance de la Belgique. — Médaille, 74 mm. Galvano argenté.

14. J. P. Winckelers. — Médaille, 70 mm. Bronze.

15. Association des Gaziers belges. — Médaille, 70 mm. Bronze.

16 et 17. LXXVe anniversaire de l'Université de Louvain. — Médaille, 60 mm. Bronze.

18 et 19. Congrès marial flamand d'Averbode, 1910. — Médaille, 60 mm. Bronze.

20 et 21. Bénédiction de la Chapelle Sainte-Anne à Val-Duchesse, 1917. — Médaille, 60 mm. Bronze.

22 et 23. Secours discret, Louvain, 1914. — Médaille coulée, 65 mm. Argent.

24 et 25. Secours discret, Louvain, 1914. — Médaille frappée, 50 mm. Bronze.

26. Mlle V. — Médaille, 36 mm. Bronze.

27 et 28. Salvator Mundi, N. D. de Hal. — Plaquette, 30 $\times$ 40 mm. Bronze.

N⁰ 381. WISSAERT (Paul).

Né à Bruxelles, le 13 mai 1885.

122, avenue Emile Max, Bruxelles.

1 et 2. M. et Mme François Wissaert. — Médaille, 65 mm. Bronze.

3. Georges Eckhoud, 1911. — Médaille, 60 mm. Bronze.

4. S. M. le roi Albert, 1912. — Médaille, 50 mm. Bronze.

5. S. M. le roi Albert, 1914. — Plaquette 26 $\times$ 25 mm. Bronze.

6. S. M. le roi Albert casqué. — Breloque, 28 mm. Bronze.

7. S. M. la reine Elisabeth. — Médaille, 32 mm. Bronze argenté.

8. LL. MM. le Roi et la Reine. — Médaille, 23 mm. Bronze argenté.

9. Jean. — Médaille montée en broche, 32 mm. Argent.

10 et 11. La Jeunesse bruxelloise au prince Albert, 1909. — Plaquette, 48 $\times$ 70 mm. Bronze.

12. Lesley. — Médaille, 32 mm. Bronze.

13. Maysie. — Médaille, 32 mm. Bronze.

14. Ghilon. — Plaquette, 80 $\times$ 98 mm. Bronze.

15. Kiki. — Plaquette, 80 × 96 mm. Bronze.
16. Andrée. — Médaillon, 100 mm. Bronze.
17. Phyllis. — Plaquette, 91 × 106 mm. Bronze.
18. William Hunter. — Plaquette, 84 × 100 mm. Galvano bronzé.
19. Le révérend Dr Alexander White. — Médaillon, 100 mm. Bronze.
20. Hôtel de la Société générale, 1911. — Médaille, 80 mm. Bronze.
21. Juin. — Plaquette, 43 × 56 mm. Bronze.
22 et 23. Pêcheurs à Knocke. — Plaquette, 49 × 36 mm. Bronze.
24. La Naissance de la Musique. — Plaquette, 39 × 39 mm. Bronze.
25. Chien Groenendael (gravé sur acier). — Médaille, 28 mm. Bronze.

N° 382. WITTERWULGHE (Joseph).

Né à Bruxelles, en 1883.

123, rue de Parme, Bruxelles.

1. Odilon Périer. — Plaquette cintrée, 52 × 68 mm. Bronze argenté.
2. Emile Verhaeren. — Médaille, 40 mm. Bronze.
3. Les trois rois des Belges. — Plaquette cintrée, 60 × 50 mm. Bronze.
4. Les trois reines des Belges. — Plaquette cintrée, 60 × 50 mm. Bronze.
5. Les princes Léopold et Charles de Belgique. — Breloque, 24 mm. Bronze argenté.
6. Le Sacré-Cœur protecteur de la Belgique. — Médaille, 65 mm. Bronze.
7. Albert Aerts. — Plaque fondue, 120 × 150 mm. Bronze.
8. Grand'Mère. — Médaillon coulé, 125 mm. Bronze.
9. Nymphe. — Médaillon coulé, 100 mm. Bronze.
10. Lignard, 1914. — Breloque, 35 × 22 mm. Bronze argenté.

11.   Cavaliers, 1914. — Breloque, 35 $\times$ 22 mm. Bronze
      argenté.
12.   Artilleurs, 1914. — Breloque, 35 $\times$ 22 mm. Bronze
      argenté.
13.   Ecole professionnelle des infirmières de Bruxelles. —
      Médaille, 39 mm. Bronze argenté.
14.   Secours alimentaire de Namur, 1914. — Breloque,
      30 $\times$ 35 mm. Bronze argenté.
15.   Déporté. — Breloque, 28 mm. — Bronze doré.
16.   La Grande Famille, 1914. — Breloque, 28 $\times$ 28 mm.
      Bronze argenté.
17.   Aide et protection aux aveugles. — Breloque,
      25 $\times$ 30 mm. Bronze argenté.
18.   Œuvre du Quartier, Maison du Roi, à Bruxelles. —
      Breloque, 23 $\times$ 36 mm. Bronze argenté.
19.   *Leo aquilam vicit.* — Médaille, 60 mm. Bronze.
20.   Pax. — Médaille, 60 mm, Bronze.
21.   Georges Clemenceau. — Breloque, 26 mm. Bronze
      argenté.
22.   Saint Christophe. — Médaille, 60 mm. Bronze.
23.   N.-D. de Lourdes. — Médaille, 65 mm. Bronze.

N° 383.   SOCIÉTÉ
LES AMIS DE LA MÉDAILLE D'ART

Président : Victor TOURNEUR

rue Defacqz, 98, Bruxelles.

Suite complète des médailles éditées par la SOCIÉTÉ HOLLAN-
DAISE-BELGE LES AMIS DE LA MÉDAILLE D'ART, 1901-1919.

1 et 2.   G. DEVREESE. Insigne de membre, 1901. — Bre-
          loque, 28 $\times$ 24 mm. Argent
3 et 4.   CH. VANDER STAPPEN. Mariage de LL. AA. RR. le
          prince Albert et la princesse Elisabeth, 1901. —
          Plaquette, 61 $\times$ 49 mm. Bronze.
5.   FADDEGON. Troisième centenaire des Indes Néerlan-
          daises, 1902. Médaille, 64 mm. Bronze.

6. G. DEVREESE. L'origine du dessin, 1903. — Plaquette, 59 $\times$ 50 mm. Bronze.

7 et 8. P. DU BOIS. Bruxelles-port-de-mer, 1903. — Plaquette, 54 $\times$ 51 mm. Bronze.

9 et 10. J. C. WIENECKE. La reine de Hollande, 1904. — Plaquette, 41 $\times$ 50 mm. Bronze.

11 et 12. CH. SAMUEL. XXᵉ anniversaire de l'État Indépendant du Congo, 1905. — Plaquette, 56 $\times$ 54 mm. Bronze.

13 et 14. L. ZIJL. L'Agriculture, 1906. — Médaille, 66 mm. Bronze.

15 et 16. L. DUPUIS. S. A. R. le comte de Flandre, 1906. — Médaille, 64 mm. Bronze.

17 et 18. LECROART et WERNER. La bière et le vin, 1906. (Concours). — Médaille, 64 mm. Bronze.

19. J. JOURDAIN. Le Monnayeur, 1906. — Plaquette distribuée comme jeton de présence. 31 $\times$ 31 mm. Bronze.

20 et 21. VAN GOOR. L'amiral Ruyter, 1907. — Médaille, 65 mm. Bronze.

22 et 23. J. JOURDAIN. S. M. Marie-Henriette, reine des Belges, 1907. — Médaille, 64 mm. Bronze.

24 et 25. H. LE ROY. La Paix, 1907. — Médaille, 64 mm. Bronze.

26. G. DEVREESE. Mimine, 1907. — Plaquette, 31 $\times$ 38 mm. Bronze.

27 et 28. TOON DUPUIS. Dompierre de Chaufepié, 1908. — Médaille, 66 mm. Bronze.

29 et 30. P. WISSAERT. L'Enseignement, 1908 (Concours). — Plaquette cintrée, 41 $\times$ 65 mm. Bronze.

31 et 32. J. LECROART. Bruxelles-port-de-mer, 1909. — Médaille, 64 mm. Bronze.

33 et 34. J. LECROART. La Pensée, 1909 (Don de MM. Fonson et Lecroart). — Plaquette, 44 $\times$ 63 mm. Bronze.

35 et 36. F.-E. VOET. Glorification de la Hollande (Waterloo, etc.), 1909. — Plaquette, 48 $\times$ 48 mm. Bronze.

37 et 38.   F. Dubois. Le Congo. — Léopold II, 1909. — Plaquette, 47 × 54 mm. Bronze.

39.   G. Devreese. Salomé, 1910. — Plaquette cintrée, 44 × 93 mm. Bronze.

40 et 41.   F. Vermeylen. S. A. R. le prince Léopold de Belgique, 1910. — Plaquette, 43 × 62 mm. Bronze.

42 et 43.   G. Devreese et R. Bosselt. Ernest Babelon, 1910. — Médaille, 65 mm. Bronze.

44 et 45.   F.-E. Jeltsema. Le professeur de Wall, 1911. — Médaille, 65 mm. Bronze.

46 et 47.   L.-A. Desmedt. La Musique (Concours), 1911. — Plaquette cintrée, 58 × 55 mm. Bronze.

48 et 49.   J. Lorrain. Henri Vieuxtemps, 1911. — Médaille, 64 mm. Bronze.

50.   P.   Braecke. Prométhée, 1912. — Plaquette, 60 × 85 mm. Bronze.

51 et 52.   Van der Hoef. Glorification de la Hollande (Les eaux et les fleurs), 1912. — Médaille, 65 mm. Bronze.

53 et 54.   Eug.-J. De Bremaecker. La télégraphie sans fil, 1912. — Plaquette, 52 × 66 mm. Bronze.

55.   L.-A. Desmedt. Léopold Wiener (jeton de présence), 1912. — Médaille, 30 mm. Bronze.

56.   A. Bonnetain. A la mémoire de S. A. R. la comtesse de Flandre, 1913. — Plaquette, 75×53 mm. Bronze argenté.

57 et 58.   J.-C. Wienecke. Cinquantenaire de la création des chemins de fer en Hollande, 1913. — Médaille, 65 mm. Bronze.

59 et 60.   J. Lecroart. L'Hygiène, 1913. — Plaquette cintrée, 70×64 mm. Bronze.

61 et 62.   J.-C. Wienecke. Jeunesse, 1914. — Plaquette, 46×46 mm. Bronze.

63 et 64.   Fl. De Cuyper. Jan van Ruysbroeck, 1920. — Plaquette cintrée, 62×64 mm. Bronze.

65 et 66.   G. Devreese. A l'Aube de la Victoire, 1920. — Plaquette, 70×55 mm. Bronze.

ARCHITECTURE

BLOMME (Adrien).

13, avenue du Bourgmestre, Bruxelles.

384. Cadre-Vues de décorations intérieures.

385. Trois cadres. La nouvelle cité de Winterslag
(Campine belge).

386. Cadre. Constructions rurales en Belgique.

387. Quatre cadres : Ensemble à ériger au bord
de la mer, comprenant treize appar-
tements, avec cuisine centrale.

GHOBERT (Jules).

15-18, rue des Trévires, Bruxelles.

388. Cinq aquarelles représentants des types
d'habitations ardennaise et campinoise
et un intérieur campinois.
> Documentation ayant servi pour la
> publication « Les anciennes constructions
> rurales en Belgique ».

389. Vue d'une maison en construction à Louvain
(dessin rehaussé . Appartient à M. X.

390. Une école construite à Hasselt (dessin
rehaussé).

391. Un projet de ferme à reconstruire à Werchter
(plan et aquarelle).

HENDRICKX (Jean).

44, rue Froissart, Bruxelles.

392. L'Acropole Chrétienne (les sept églises
      sacramentelles.
393. Propylées.

Appartient à M. M. W.

394. Stations d'Avions (sur quatre immeubles
      commerciaux).
395. Intérieur.
396. Piscine dans un Parc.
397. Pœstum, Italie (aquarelle).
398.   »   »   »
399. Taormina, Sicile   »
400. Girgenti, Sicile   »

ART APPLIQUÉ

—

BOSSCHÉ (Mlle H.).

44, avenue Maurice, Bruxelles.

401. Fleurs de serre (panneaux décoratifs).
402. Plantes vivaces   »   »
403. Les Cinéraires (petit panneau décoratif).
404. Courges et doliques. (étude).
405. Cinéraires et oranges (tapisserie à la laine).
406. Rose Moderne (coussin).

CRACO (Arthur).

35, rue de la Grande-Ile, Bruxelles.

407. Grès émaux grand feu (treize pièces).

DANGOTTE C. (L'Art décoratif).

65, avenue de la Toison d'or, Bruxelles.

408. Coussin, dessiné par E. M. Sarton.
409.   »   »   A. Van Huffel.
410.   »   »   M. Budry.
411.   »   »   E. M. Sarton.

412.   Une collection du Petit Artiste (sur Hollande).
> *a*) Plaisirs d'Hiver, de Spillaert.
> *b*) Voyage en aéroplane, de L. Hovine.
> *c*) Belles Dames, de Ramah.
> *d*) Fables de La Fontaine, de Rion.
> *e*) Livre des merveilles de G. M. Baltus.
> *f*) Rêve de Fivette de J. Berchmans.

413.   Une collection du Petit Artiste, exemplaires numérotés sur Japon Impérial (même nomenclature que ci-dessus).

414.   Un conte sous-marin, de L. J. Hovine.

415.   Journal d'une poupée, de L. J. Hovine.

416.   Vitrine acajou, dessinée par A. Van Huffel.

ASSOCIATION NATIONALE DES DENTELLIÈRES BELGES

13, rue d'Assaut, Bruxelles

et 364, rue Saint-Honoré, Paris.

417.   Rond fin, Bruges, dessin oriental.

418.   Dentelle Rosaline, dessin fleur de Lys. Haut. 0.10.

419.   Napperon carré, même dessin, monté linon fils tirés. 0.45 de côté.

420.   Volant Malines, dessin bouquets. H. 0.15.

421.   Dentelle Malines, dessin semis. H. 0.10.

422.   Dentelle Malines, dessin guirlande. H. 0.9.

423.   Rond Malines, dessin rinceaux, monté linon brodé. Diam. 0.45.

424.   Mouchoir Malines, dessin feuille de lierre.

425.   Mouchoir Malines, dessin guirlande.

426.   Volant mixte, point de Paris et Lille, dessin paon. Haut. 0.17.

427. Dentelle point de Paris, dessin chasse.
      Haut. 0.8.

428. Garniture point de Paris, dessin liseron.
      Haut. 0.5.

429. Napperon point de Paris, dessin coqs,
      monté linon brodé. 1.20 × 0.45.

430. Napperon point de Paris, dessin oiseaux,
      monté linon brodé. Diam. 0.90.

DESAMBLANX (Ch.).

93, rue Ducale — Bruxelles.

431. Féminie.
      Pleine reliure maroquin du cap, gris cendré,
      dos et plats ornés, mosaïqués, au centre médaillon
      symbolique, doublé de maroquin du cap, vieux
      rouge, composition florale mosaïquée, au filet.

432. Een Mei van Vroomheid.
      Pleine reliure maroquin du levant, long, grain
      gris bleu, dos et plats ornés à plaques romantiques
      mosaïquées et dorées, doublé de veau bleu, inté-
      rieur à caissons gothiques mosaïqués et dorés.
      Exemplaire unique.

433. P. MERIMÉE. — Chronique du règne de
      Charles IX.
      Pleine reliure maroquin du cap, rouge, dos
      et plats ornés genre Eve, doublé de maroquin
      du cap vert, encadrement de branchages avec
      médaillon.

434. Ch. PERRAULT. — Les Contes du Temps
      passé.
      Pleine reliure maroquin du levant, long, grain
      gris bleu, dos et plats ornés de plaques roman-
      tique dorées et mosaïquées, doublé de veau bleu
      ciel, encadrements mosaïqués et dorés aux petits
      fers.

435. E. VERHAEREN.— Le Cloître.

Pleine reliure maroquin du cap, lavalière, dos et plats ornés d'une composition décorative moyen-âge, chardon stylisé entièrement au filet.

DEVROYE (frères).

16, place du Musée, Bruxelles.

436. Calice (or).

Appartient à M. l'abbé Dessain.

437. Calice (argent).

Appartient à M. l'abbé Lecart.

438. Croix pectorale (or, émeraudes et diamants).

Appartient à S. Em. le cardinal Mercier.

D'HAVELOOSE-CASSIERS (Mme).

263, chaussée de Vleurgat, Bruxelles.

439. Les Paons (broderie).
440. Les Hirondelles »
441. Les Poupées »

GHYSBRECHT (Mme).

442. Plateau Coquillage et fleurs (broderie).
443. » Anémones et papillons »
444. » Avant le bain »
445. » La belle au bois dormant »
446. Plateau Une jeune fille sur un mur »
447. Plateau Nymphes »
448. Plateau Deux jeunes filles nues dans un jardin »

GUERIN (Roger).

Maitre potier — Bouffioulx.

449. Poteries artistiques en grès (49 pièces).

LA BRUYÈRE (J., Mlle).

4, Place Albert Leemans, Bruxelles.

450. Paris   (reliure).
451. Rome   »
452. Londres   »
453. La Mort du Dauphin   »
454. Toute la Flandre   »
                  Appartiennent à M. Franchomme.
455. Donat   (reliure).
456. Un Cœur simple   »
                  Appartiennent à M. V. Reding.
457. Le Feu (reliure).
                  Appartient à M. L. Malpertuis.

LACOSTE (Pierre).

Ferronier d'Art, Tournai.

458. Landiers en fer forgé.

LEVOZ (Mlle Berthe).

167, avenue de Tervueren, Bruxelles.

459. Aigle sous l'eau (peinture sur soie).
460. Une coupe (céramique).
461. Une liseuse (broderie).

MARTIN (Georges)

17, rue des Sablons, Bruxelles.

80, rue de Richelieu, Paris.

462. Paravent. Point de Venise.
463. Col Médicis.
464. Volant Régence.
465. Volant. Point de Venise.
466. Volant. Dentelle noire de Grammont.

MOUCHET (L.)

69, rue Doudeauville, Paris (XVIIIᵉ).

467. Chenets (fer forgé).
468. Encrier et cachet (fer et cuivre).
469. Coffret (fer et cuivre).
470. Applique (fer forgé).
471. Lustre (fer forgé).
472. Bénitier (fer et cuivre).
473. Deux lampes (fer forgé).
474. Deux vases (fer forgé).
475. Trois coupe-papiers (fer forgé).
476. Sucrier (cuivre).

MOENS (Georges).

12-14, rue du Marquis, Bruxelles.

477. Echarpe dentelle Rosaline. Dessin dans le
goût ancien. Vieux point de Bruxelles.
2 m. 80 $\times$ 0.67.
478. Coupe de dentelle assortie à l'écharpe.
3 m. $\times$ 0.20.

PAULUS (Eugène).

10, rue des Jardins, Châtelet.

479. Grès flammés décorés (12 pièces).

PERRÉE (Mlle Lucienne).

42, rue des Bouleaux. Watermael-Bruxelles.

480. Coupe (verre de Venise).
481. Vasque en cristal de Baccarat (décor paysage
       japonais).
482. Vasque en cristal du Val-Saint-Lambert
       (fleurs et papillons).
483. Vasque en cristal du Val-Saint-Lambert
       (fleurs fond rouge).
484. Petit bol.
485. Vase (reproduction verrerie liégeoise).
486. Vase Schneider décoré.
487. Tasse fond jaune.
488. Fleurs (plat porcelaine).
489. Perroquet (plat porcelaine).

RION (L.).

131, avenue de Kersbeek, Bruxelles.

490. Miroir (cadre en cuivre repoussé).
491. Evangélistes (cuivre repoussé).

RUPPERT (J.).

211, chaussée de Charleroi, Bruxelles.

492. Filet décoratif serti (dessin chinois).
493. Filet décoratif serti (dessin chinois).

SALMON (Gaston).

86, boulevard de la Senne, Bruxelles.

494.   Dentelle Burano, écrue. Haut. 0.15.

495.   Dentelle mixte, Point d'Angleterre et Vieux Flandre. Haut. 0.18.

496.   Dentelle, Point d'Angleterre avec mélange Rosaline. Haut. 0.15.

497.   Dentelle Venise. Haut. 0.15.

498.   Volant, Point d'Angleterre. Haut. 0.34.

499.   Dentelle Vieux Flandre avec fond Valenciennes. Haut. 0.17.

500.   Dentelle « Perle de Venise ». Haut. 0.12.

501.   Volant point à l'aiguille ancien. Pièce unique. Haut. 0.33.

502.   Écharpe, Point d'Angleterre. 2.50 × 0.60.

SAND (Robert).

Éditeur,

86, rue de la Montagne, Bruxelles.

503.   LUCIEN CHRISTOPHE. Hommage à Albert Giraud.

504.   MAX ELSKAMP. Sous les tentes de l'exode.

SIGAERT (Mlle)

413, avenue Louise, Bruxelles

505.   Les Mauvaises nouvelles, d'après Maeterlinckx.

Appartient à M. B. S.

506.   Les Heures heureuses, d'après Maeterlinckx.

507. Dix projets d'illustrations pour « Sire Hale-
wijn », par Charles De Coster.
508. Album illustré pour enfants.

VANDERBORGHT (Mme Jacques).

rue Paul Lauters, Bruxelles.

509. Ecran Pélargonium, ébène et broderie.
510. Cinéraire (panneau broderie).
511. Jet d'eau (panneau broderie),

VOORTMAN (Mme Clara).

18, Quai du Ramage, Gand.

512. Canards (groupe). Bronze.
513. Grenouille émergeant de l'eau (plateau).
Bronze.
514. Grenouille (presse papier). Bronze.

VANDER BORGHT FRÈRES

46 à 58, rue de l'Ecuyer, Bruxelles.

515. Bibliothèque tournante, en bois d'amaranthe
et magnolia.
516. Chaise longue Récamier, bois de placage
rouge et vert.
517. Trois panneaux avec papiers de Tijtgat,
édités par les Grands Magasins Vander
Borght frères.

518. Deux corbeilles sculptées et dorées.
519. Meuble secrétaire en magnolia monté sur bois rouge.
520. Vitrine en écaille, montée sur bois d'amaranthe.
521. Table bureau en bois de teck poli.
522. Deux petites chiffonnières assorties.
523. Fauteuil assorti, fond garni à coussin.
524. Table à thé.

EXPOSITION COLLECTIVE

de l'école professionnelle F. Cocq.

A Ixelles-Bruxelles.

COURS DE Mlle BOSCHÉ

525. **C. Gillet** (Mlle), un paravent brodé sur rabanne.
526. **C. Gillet** (Mlle), un cosy noir et filet or.
527.   »   » un petit napperon brodé soie.
528. **J. Hubinont** (Mlle), une broderie pour plateau.
529. **J. Hubinont** (Mlle), un napperon brodé filet orange.
530. **S. Dhur** (Mlle), un napperon brodé à la laine.
531. **G. Weverbergh** (Mlle), un dessin de coussin brodé à la laine.
532. **E. Van Arenbergh** (Mlle), un coussin.
533. **A. Martin** (Mlle), une petite carpette brodée à la laine.
534. **S. Philippe** (Mlle), un cosy noir et or.

535.   **J. Van Loo (Mlle)**, un batik.
536.   »   »   un cosy vert jade et or.
537.   »   »   un petit napperon brodé
                                         à la soie.
538.   **M. Amoré (Mlle)**, un cosy gris.
539.   »   »   broderie pour rideau.
540.   **E. Van Sint-Jean (Mlle)**, un coussin brodé
           à la laine.
541.   **E. Van Sint-Jean (Mlle)**, un cosy brodé sur
           rabanne.
542.   **D. Frère (Mlle)**, un napperon brodé.
543.   **B. Picquet** »   un napperon brodé.
544.   »   »   un dessus de coussin vert
                                         jade et noir.

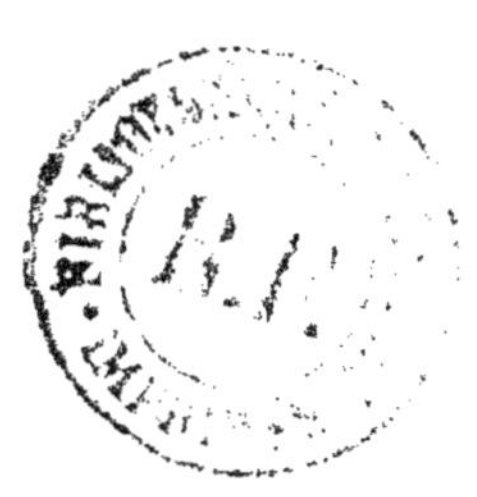

Imprimerie Veuve Monnom
32, *rue de l'Industrie*
Bruxelles.

—

1921

Assurances d'Œuvres et d'Objets d'art
contre tous risques

C^{IE} LE ZÉNITH

Raymond ROELS   Bruxelles

Imprimerie Veuve Monnom
Rue de l'Industrie, 32
Bruxelles